Manuel Irman

Kants philosophischer Entwurf "Zum ewigen F

Argumente für und gegen eine Weltrepublik

GRIN - Verlag für akademische Texte

Der GRIN Verlag mit Sitz in München hat sich seit der Gründung im Jahr 1998 auf die Veröffentlichung akademischer Texte spezialisiert.

Die Verlagswebseite www.grin.com ist für Studenten, Hochschullehrer und andere Akademiker die ideale Plattform, ihre Fachtexte, Studienarbeiten, Abschlussarbeiten oder Dissertationen einem breiten Publikum zu präsentieren.

Manuel Irman

Kants philosophischer Entwurf "Zum ewigen Frieden"

Argumente für und gegen eine Weltrepublik

GRIN Verlag

Bibliografische Information der Deutschen Nationalbibliothek: Die Deutsche Bibliothek
verzeichnet diese Publikation in der Deutschen Nationalbibliografie; detaillierte bibliografische Daten sind im Internet über http://dnb.d-nb.de/ abrufbar.

1. Auflage 2009
Copyright © 2009 GRIN Verlag
http://www.grin.com/
Druck und Bindung: Books on Demand GmbH, Norderstedt Germany
ISBN 978-3-640-95154-3

Universität Zürich
Philosophisches Seminar

Vertiefung Politische Philosophie II: Geschichte des politischen Denkens
Frühlingssemester 2009

Schriftliche Arbeit

Kants philosophischer Entwurf „Zum ewigen Frieden"

Argumente für und gegen eine Weltrepublik

31. Mai 2009

Inhaltsverzeichnis

2

1 Einleitung

Als mit dem Abschluss des Westfälischen Friedens 1648 in Europa eine politische Neuordnung begründet wurde, trat anstelle der mittelalterlichen personenbezogenen Rechtsordnung das Prinzip der territorialen Herrschaft. Gemäss dem Friedensvertrag sollten die neuen zwischenstaatlichen Regelungen mittels Verträgen festgelegt und nach dem Grundsatz *pacta sunt servanda (die Verträge sind einzuhalten)* behandelt werden. Mit dem Territorialprinzip ging auch die Entwicklung der Nationalstaaten und ihrer Souveränität, welche gegenseitig nur vertraglich eingeschränkt werden konnte, einher (Kälin et al. 2006: 2-4). Aufgrund der fehlenden rechtlich verbindlichen Instanz über den Staaten und dem fehlenden Vermögen eines Staates über alle anderen Staaten zu herrschen, wird bis heute vom anarchischen zwischenstaatlichen Zustand gesprochen (Nölke 2006: 333).

Knapp 150 Jahre nach dem Friedensvertrag von Münster (Westfalen) befasste sich *Immanuel Kant (1724-1804)* in seinem Traktat *Zum ewigen Frieden (1795)* mit ebendieser Problematik und schrieb die Begründung einer globalen Rechtsordnung nieder (Marti 2008: 136f.). Diese heute immer noch virulente Angelegenheit wird in der gegenwärtigen Politikwissenschaft unter dem Begriff der Global Governance zusammengefasst und steht vielmehr für eine Vielzahl von Rechts- und Regierungsmechanismen als für eine Weltregierung (Brock 2008: 301). Obwohl die staatliche Souveränität in der Gegenwart stark relativiert wurde und die *United Nations Organization (UNO)* rechtliche Zwangsmittel auf internationaler Ebene vorsieht (Kälin et al. 2006: 9, 12), kann dennoch nicht von einem Weltstaat gesprochen werden. Die Debatte um die Global Governance sowie um den damit in Verbindung stehenden allgemeinen Begriff der Globalisierung hat sich seit Mitte der 1990er Jahre jedoch intensiviert und findet erneut grosse Aufmerksamkeit (Menzel 2001: 226f.). In diesem Zusammenhang ist es deshalb von Interesse, inwiefern sich bereits Kant gegenüber der Idee einer Weltrepublik äusserte. Dieser Arbeit liegt daher folgende Fragestellung zugrunde: *Welche Argumente sprechen in Kants Schrift „Zum ewigen Frieden" für, welche gegen die Idee einer Weltrepublik?*

Das nächste Kapitel untersucht Kants Werk in Bezug auf die Fragestellung und ist in fünf Teile gegliedert. Was eine Weltrepublik überhaupt ist oder sein kann wird im zweiten Unterkapitel thematisiert. Zuvor wird definiert was Kant sich unter dem Begriff der Republik vorgestellt hat um danach auf die internationale Ebene schliessen zu können. Im dritten Teil werden internationale individuelle Rechte untersucht, bevor in den letzten beiden Unterkapiteln der Friede als Grundvoraussetzung für die Realisierung einer internationalen Ordnung und die These des demokratischen Friedens behandelt werden. Im letzten Kapitel werden

schliesslich die vorangehenden Überlegungen zusammengefasst und einige Schlussfolgerungen gezogen.

2 Kants internationale Ordnung

2.1 Der Begriff der Republik

Zunächst ist der Begriff der Republik bzw. Weltrepublik, welcher im Zentrum dieser Arbeit steht, näher zu betrachten. Kant (2008: 13) unterteilt die Staatsform in die *Form der Beherrschung* und die *Form der Regierung*: Erstere kann autokratisch, aristokratisch oder demokratisch sein, während letztere entweder republikanisch oder despotisch ist. Das Kriterium der Beherrschungsform ist also die Anzahl der an der exekutiven Gewalt beteiligten Personen in einer bürgerlichen Gesellschaft. Bei der Regierungsform ist hingegen die Gewaltenteilung das ausschlaggebende Kriterium, wobei die Republik einer zweistufigen horizontalen Gewaltenteilung genügen muss: „Der R e p u l i k a n i s m ist das Staatsprinzip der Absonderung der ausführenden Gewalt (der Regierung) von der gesetzgebenden" (Kant 2008: 14). Bei der Ausgestaltung der Staatsgewalten geht Kant einerseits von einer personell möglichst dünnen Besetzung, andererseits aber von einer möglichst grossen Repräsentation der Bevölkerung aus. Die Demokratie ist ungeeignet, „weil da alles Herr sein will" (Kant 2008: 14), hingegen scheint die Monarchie als autokratische Staatsform dem republikanischen Ideal Kants am nächsten zu kommen. Repräsentativ kann dieses System nur durch ein Parlament mit gewählten Volksvertretern werden, wobei die republikanische Regierungsform den gegenwärtigen Vorstellungen einer konstitutionellen oder parlamentarischen Monarchie entsprechen würde (Haller/Kölz 2004: 46f.). Mit dem heutigen Verständnis einer Republik lässt sich der kantische Begriff somit nur bedingt vereinbaren. Im modernen Sprachgebrauch wird die Bezeichnung Republik üblicherweise in Abgrenzung zu monarchischen Staatsformen verwendet und widerspricht somit Kants Definition. Allerdings könnte das Staatsoberhaupt auch geradesogut ein Präsident anstelle des Monarchen sein, da hier die Konzentration der exekutiven Gewalt auf eine Person im Vordergrund steht – man würde dann von einer präsidentiellen Republik sprechen (Haller/Kölz 2004: 42f.). Zu untersuchen ist nun, ob Kants globale politische Ordnung starr an das innerstaatliche Modell der Republik angelehnt ist, d.h. ein republikanischer Weltstaat angestrebt wird oder ob Spielräume bei der Ausgestaltung vorgesehen sind.

2.2 Die internationale Verfassung

Nach der Darstellung des innenpolitischen Begriffs der Republik, welcher im ersten Definitivartikel festgehalten ist, liegt der Fokus nun auf der überstaatlichen Ordnung. Die Be-

stimmung des ersten Definitivartikels, nämlich „[d]ie bürgerliche Verfassung in jedem Staate[1] soll republikanisch sein" (Kant 2008: 10), impliziert, dass die (damals wie heute) vorherrschende nationalstaatliche Ordnung von Kant nicht in Frage gestellt wird und nicht zugunsten einer übergeordneten Weltrepublik aufgelöst werden soll. Auf internationaler Ebene unterscheidet Kant das Recht der Staaten *(Völkerrecht)* vom Recht der Individuen *(Weltbürgerrecht)*. „Das Völkerrecht soll auf einem F ö d e r a l i s m freier Staaten gegründet sein" (Kant 2008: 16) besagt der zweite Definitivartikel und unterstützt die zuvor erwähnte Implikation einer globalen Ordnung gleichberechtigter Staaten. Das innerstaatliche Prinzip der horizontalen Gewaltenteilung, welches ja gemäss Kant ein zentrales Merkmal der Republik ist, wird hier also mit dem Föderalismus um ein Element der vertikalen Gewaltenteilung erweitert (Haller/Kölz 2004: 193). Dies widerspricht zunächst der Idee einer Weltrepublik, da ein weltweiter Staatenbund nicht viel am System souveräner Staaten ändern würde, denn über den Staaten wäre weiterhin kein rechtlich verbindliches Organ vorhanden. Diesen Staatenbund nennt Kant einen *Völkerbund* und die Ursache, welche diesen internationalen Zustand herbeiführt, sieht er in der staatlichen Souveränität und der Absenz von Recht, an das sich die einzelnen Staaten halten müssten. Diese Rechtlosigkeit veranlasst Kant die „Völker als Staaten [...] wie einzelne Menschen [...], die sich in ihrem Naturzustande (d.i. in der Unabhängigkeit von äußeren Gesetzen) schon durch ihr Nebeneinander lädieren" (Kant 2008: 16), zu beurteilen: Es herrscht also eine Art internationaler Naturzustand. Da der Naturzustand aber ein gesetzloser Zustand ist, kann es nach den Prämissen der Aufklärung nur eine Konsequenz geben, nämlich diesen Zustand des Völkerbundes zu überwinden und „sich zu öffentlichen Zwangsgesetzen bequemen und so einen (freilich immer wachsenden) V ö l k e r s t a a t [...], der zuletzt alle Völker der Erde befassen würde, bilden" (Kant 2008: 20). Sehr stark an diese Formulierung erinnert die erste Zielsetzung, welche sich die *Europäische Gemeinschaft (EG)* in der Präambel ihres *Gründungsvertrags (EGV)* gegeben hat, nämlich „die Grundlagen für einen immer engeren Zusammenschluss der europäischen Völker zu schaffen" (Classen 2007: 37). Sowohl im EGV als auch bei Kant bleibt die letzte Konsequenz dieses immer enger werdenden Zusammenschlusses jedoch ausgespart: Wie die politische Macht, v.a. die exekutive Macht in diesem Völkerstaat ausgestaltet sein wird, bleibt (vorerst) unklar. Die völkerrechtlichen Grundsätze, welche das Nebeneinanderbestehen der Staaten erst ermöglichen, müssen aber auf alle Fälle überwunden werden, wenn „an die Stelle der positiven Idee e i n e r W e l t r e p u b l i k [...] [nicht] nur das n e g a t i v e Surrogat eines den Krieg abwehrenden [...] B u n d e s" (Kant 2008: 20) treten soll.

---

[1] Eigene Hervorhebung.

2.3 Das Recht der Oberfläche

Im dritten Definitivartikel kommt Kant auf das Weltbürgerrecht, das „auf Bedingungen der allgemeinen Hospitalität eingeschränkt sein" (Kant 2008: 21) soll, zu sprechen. Beim Weltbürgerrecht handelt es sich um ein Menschenrecht im eigentlichen Sinne, da „ursprünglich [...] niemand an einem Orte der Erde zu sein mehr Recht hat, als der andere" (Kant 2008: 21) und sich daher jeder Mensch aufhalten kann wo er will. Allerdings handelt es sich dabei nicht um ein Gastrecht, d.h. ein Recht überall aufgenommen zu werden wo man hinkommt, sondern lediglich um ein Besuchs-, d.h. Duldungsrecht, welches lediglich den Anspruch auf unfeindselige Behandlung zusichert. Dieses Recht scheint schlechthin die Grundvoraussetzung einer Weltrepublik zu sein, denn ohne Bewegungsfreiheit in einem Staate nützt auch ein nationales Bürgerrecht nur wenig. Kant erteilt mit dem Prinzip des Weltbürgerrechts dem *ius sanguinis (Recht des Blutes)* zum Erwerb des Bürgerrechts eine Abfuhr und spricht sich für das *ius soli (Recht des Bodens)*, bei welchem die Herkunft der Eltern keine Rolle spielt, aus (Haller/Kölz 2004: 9). Analog dazu spricht Kant auch vom *Recht der Oberfläche*, von welchem die Menschen Gebrauch machen sollen, um sich durch das Bereisen unwirtlicher Gegenden (Meere und Wüsten) gegenseitig anzunähern. Dieses Recht, „welches der Menschengattung gemeinschaftlich zukommt" (Kant 2008: 21), dient also auch zur interkulturellen Verständigung. Das Weltbürgerrecht ist auch aus dem simplen Umstand, dass die Menschen an die Erde gebunden sind und sich nicht unendlich zerstreuen können, herzuleiten. Überdies kommen den Menschen als Gattung, unabhängig von ihrer Zugehörigkeit zu einem spezifischen Volk, weltweit gewisse Rechte zu. Durch die Universalisierung dieser Rechte wird deren Verletzung „an e i n e m Platz der Erde [auch] an a l l e n [anderen] gefühlt" (Kant 2008: 24) und so ist das Weltbürgerrecht „eine notwendige Ergänzung [...] zum öffentlichen Menschenrechte überhaupt" (Kant 2008: 24). Kants Weltbürgerrecht oder allgemeiner gesprochen die Menschenrechte sind tatsächlich eine wichtige Grundvoraussetzung, damit eine Weltrepublik geschaffen werden könnte: Welche Form ein (globales) Staatswesen auch immer hat, müssen den Einwohnern dieses Staates gleiche Rechte in Bezug auf ihren Bürgerstatus zukommen, d.h. sie müssen wenigstens ein Bleiberecht erhalten, damit sie sowohl in diesem Staat wohnen als auch ihre weiteren Rechte und Pflichten wahrnehmen können. In einer Weltrepublik ist es umso wichtiger, dass alle Menschen die Garantie haben nicht wegen ihrer blossen Präsenz verfolgt zu werden, denn das Staatsgebiet umfasst ja die ganze Erde und es gibt keine Möglichkeiten mehr, einem unmenschlichen Staatswesen zu entrinnen.

2.4 Friede als Grundvoraussetzung für eine globale politische Ordnung

2.4.1 Überwindung des Kriegszustandes

In direktem Zusammenhang mit dem Gebrauch des Weltbürgerrechts steht auch das Verhalten der Besucher gegenüber ihren Gastgebern: Erschreckend ist für Kant das „in-hospitable Betragen der gesitteten, vornehmlich handelstreibenden Staaten unseres Weltteils [...] [beim] Besuche fremder Länder und Völker" (Kant 2008: 22). Der Kolonialismus ist also rundum abzulehnen, da dieser das Gastrecht verletzt und letztendlich doch nur „zu Bildung der Matrosen für Kriegsflotten und also wieder zu Führung der Kriege in Europa" (Kant 2008: 23) dient. Der Frieden ist für Kant deswegen auch kein Naturzustand, sondern ein Zustand, der gestiftet werden muss um den herrschenden Kriegszustand überwinden zu können. Auf innerstaatlicher Ebene sind es zunächst die privaten Interessen der Menschen, welche sich entgegenstehen. Damit diese nicht ihre zerstörerische Wirkung entfalten, müssen sie durch Schaffung von Recht eingeschränkt werden. Am besten dafür geeignet ist die republikanische Verfassung, welche gemäss Kant aber auch am schwersten zu stiften und noch schwerer zu erhalten ist. Das Legalitätsprinzip ist hierzu das geeignete Mittel und so ist das „Problem der Staatseinrichtung [...] selbst für ein Volk von Teufeln (wenn sie nur Verstand haben)" (Kant 2008: 31) zu bewältigen. Allerdings ist die „Bösartigkeit der menschlichen Natur" (Kant 2008: 17) auf zwischenstaatlicher Ebene damit noch nicht gebannt und es bedarf einer Lösung um den internationalen Naturzustand überwinden zu können. Bereits im ersten Präliminarartikel betont Kant die Nichtigkeit von Friedensschlüssen, welche geheime Vorbehalte enthalten und nur zugunsten taktischer Vorteile in künftigen Konflikten abgeschlossen werden (Kant 2008: 3f.). Aus diesem Grund wird nun zwischen *Friedensvertrag* und *Friedensbund* unterschieden: Während ersterer lediglich einem temporären Waffenstillstand entspricht, so dient letzterer der dauerhaften Befriedung der internationalen Beziehungen. Grund dafür ist, dass der Friedensbund „auf keinen Erwerb irgend einer Macht des Staats, sondern lediglich auf Erhaltung und Sicherung der Freiheit eines Staats für sich selbst und zugleich anderer verbündete[r] Staaten" (Kant 2008: 18) abzielt. Diese Argumentation betont erneut das föderative Element der anzustrebenden internationalen Ordnung und es scheint wohl zumindest ein wichtiger Schritt auf dem Weg zu einer Weltrepublik zu sein, dass zuerst ein dauerhafter Frieden geschaffen werden kann. Kant betont denn auch, dass es vorderhand keine andere Möglichkeit gibt, als „das Surrogat des bürgerlichen Gesellschaftsbundes, nämlich de[n] freie[n] Föderalism" (Kant 2008: 19), welcher die vernünftige völkerrechtliche Antwort auf die fehlende überstaatliche exekutive Gewalt ist, zu akzeptieren.

7

2.4.2 Natur und ökonomische Kriterien

Krieg scheint dem Menschen als natürliche Eigenschaft inhärent zu sein und führte mitunter zu seiner Ausbreitung über die ganze Erde bis hin in die unwirtlichsten Gegenden. Die Natur sorgte also nicht nur dafür, dass die Menschen überall leben können, sondern sie sorgte mit dem Mechanismus von Krieg und Vertreibung auch noch dafür, dass die Menschen effektiv überall leben. Die Eindämmung des Kriegstriebes, dem zu allem Überfluss zuweilen auch noch gehuldigt wird, dürfte allerdings erst mit der Sesshaftigkeit der Menschen möglich geworden sein. Diese legte die Basis zur Produktion von Gütern, welche durch den Handel derselben später für ein friedliches Verhältnis zwischen den Menschen sorgte (Kant 2008: 25-29). Den Handelsgeist sieht Kant somit als ökonomischen Ersatz, wenn die politische Friedensstiftung mittels Weltbürgerrecht (vorerst) nicht gegriffen hat. Die Natur sorgt nämlich von sich aus dafür, dass jedes Volk sich früher oder später des Handelsgeistes bemächtigt, weil „nämlich unter allen der Staatsmacht untergeordneten Mächten (Mitteln) die G e l d - m a c h t wohl die zuverlässigste sein möchte" (Kant 2008: 33). Dieses Argument ordnet die wirtschaftliche Macht zwar unter der politischen ein, erinnert aber trotzdem etwas an die neoliberale Sichtweise des freien Marktes, der keiner Regulierung bedarf (Bieler/Morton 2006: 369). Im Unterschied zum Neoliberalismus behält Kant dem Staat aber immer noch eine zentrale Rolle vor, denn dieser sieht sich im Falle einer mächtigen Wirtschaft „gedrungen, den edlen Frieden zu befördern und, wo auch immer in der Welt Krieg auszubrechen droht, ihn durch Vermittlungen abzuwehren" (Kant 2008: 33). Der Staat ist demzufolge zumindest als Steigbügelhalter und Garant für eine funktionierende Wirtschaft unabdingbar. Ausserdem ist für Kant klar, dass dieses Handeln kein moralisches Motiv als Antrieb hat. Eine Art Weltbinnenmarkt hätte aber trotzdem eine stabilisierende Wirkung auf das globale Staatswesen und spräche insofern für eine Weltrepublik.

2.4.3 Völkerbund oder Einheitsstaat?

Nebst dem, dass die Natur die Menschen über den gesamten Erdball verteilte, ist sie auch um den Bestand der verschiedenen Völker besorgt. Mittels verschiedener Sprachen und Religionen werden die Völker von einer Vermischung abgehalten und voneinander getrennt. Die gegenseitige Abgrenzung der Staaten, welche der Idee des Völkerrechts innewohnt, kommt zwar einem Kriegszustand gleich, führt „aber doch bei anwachsender Kultur und der allmählichen Annäherung der Menschen zu größerer Einstimmung in Prinzipien zum Einverständnisse in eine[n] Frieden" (Kant 2008: 32f.). Ausserdem ist „die A b s o n d e r u n g vieler voneinander unabhängiger benachbarter Staaten [...] nach der Vernunftidee besser als die

8

Zusammenschmelzung derselben durch eine die andere überwachsende und in eine Universalmonarchie übergehende Macht" (Kant 2008: 32). Diese Argumentation Kants läuft der Idee einer Weltrepublik nun völlig zuwider: Nach dem eingangs untersuchten Begriff der Republik wäre eine konstitutionelle Monarchie auf globaler Ebene nur die Konsequenz einer auf die ganze Welt ausgedehnten republikanischen Verfassung. Offenbar ist der Weltstaat in Form einer einzigen Republik aber eher ein abschreckendes politisches Modell. Grund dafür ist die abnehmende Bedeutung von Gesetzen, weil die Regierung in einem solchen Staat einen grösseren Umfang erhalten würde „und ein seelenloser Despotism [...] [der] zuletzt doch in Anarchie" (Kant 2008: 32) verfiele, wäre das Resultat. Diese Einsicht entstand im historischen Kontext der Französischen Revolution und den militärisch-expansiven Erfolgen der revolutionären Armee (Marti 2008: 137). In direktem Zusammenhang damit steht folgende Aussage Kants, welche sich wiederum für einen Staatenbund ausspricht: „Denn wenn das Glück [hier: die Französische Revolution] es so fügt: daß ein mächtiges und aufgeklärtes Volk sich zu einer Republik (die ihrer Natur nach zum ewigen Frieden geneigt sein muß) bilden kann, so gibt diese einen Mittelpunkt der föderativen Vereinigung für andere Staaten ab" (Kant 2008: 19), d.h. dass Frankreich im ganz konkreten Fall den Nukleus für einen sich immer stärker ausbreitenden Friedensbund hätte sein können (vgl. Kap. 2.2 und 2.4.1).

2.4.4 Grundrechte und Moral

Auch wenn die Französische Revolution (oder abstrakt eine Revolution im allgemeinen) die Kraftverhältnisse auf unrechtmässige Weise verschoben hat, so gibt es keine rechtliche Grundlage, diese wieder rückgängig machen zu dürfen (Kant 2008: 39). Dass den Menschen das Recht auf Widerstand untersagt bleibt, hat sowohl innen- als auch aussenpolitische Gründe: Einerseits würde einem Tyrannen kein Unrecht durch einen Umsturz geschehen, da er „die Rechte des Volkes gekränkt" (Kant 2008: 51) hatte. Ebensowenig gibt es aber eine rechtliche Grundlage für diesen Putsch und so wären der Bevölkerung im Falle eines gescheiterten Versuchs jegliche rechtlichen Mittel, um sich der Bestrafung des Tyrannen zu entziehen, verwehrt. Andererseits kann von einem Staat, der aussenpolitisch in Bedrängnis ist, nicht verlangt werden, dass er seine despotische Verfassung ändere, denn grundsätzlich ist „doch irgend eine r e c h t l i c h e [...] Verfassung besser als gar keine" (Kant 2008: 39). Letzterer Grundsatz entspricht dem Legalitätsprinzip und nimmt v.a. im zwischenstaatlichen Verhältnis eine zentrale Rolle ein. Recht kann aber nur dort sein, wo auch Freiheit und Moral sind: „[W]enn es keine Freiheit und darauf begründetes moralisches Gesetz gibt [...] so ist Politik [...] die ganze praktische Weisheit und der Rechtsbegriff ein sachleerer Gedanke" (Kant

2008: 38). Eine moralisch-praktische Handlungsanweisung gibt Kant mit dem *kategorischen Imperativ*: „[H]andle so, daß du wollen kannst, deine Maxime solle ein allgemeines Gesetz werden (der Zweck mag sein, welcher er wolle)" (Kant 2008: 44). Auch das Völker- und das Weltbürgerrecht können „[n]ur unter Voraussetzung irgend eines rechtlichen Zustandes" (Kant 2008: 52) überhaupt bestehen, denn ansonsten verbleiben die Menschen weiterhin im Naturzustand und es kann allerhöchstens ein privates, nicht aber ein öffentliches Recht existieren. Wichtige Grundbestandteile dieses internationalen öffentlichen Rechts sind ausserdem auch die Meinungsäusserungsfreiheit und das Öffentlichkeitsprinzip. Obwohl für die gesetzgebende Autorität eines Staates kein Zwang besteht, sich von den Untertanen belehren zu lassen, hält Kant dies für geboten: Der Staat soll die Öffentlichkeit stillschweigend dazu auffordern, „frei und öffentlich über die allgemeine Maximen der Kriegsführung und Friedensstiftung" (Kant 2008: 34) zu reden und dies auch gewähren. Zwischen den Staaten braucht es diesbezüglich keinerlei besonderen Übereinkünfte, denn „die allgemeine (moralisch-gesetzgebende) Menschenvernunft" (Kant 2008: 34) verpflichtet die Staaten die Redefreiheit gegenseitig zu respektieren. Ausserdem plädiert Kant für das Öffentlichkeitsprinzip als ethischen und rechtlichen Grundsatz, den er die *transzendentale Formel des öffentlichen Rechts* nennt: „Alle auf das Recht anderer Menschen bezogene Handlungen, deren Maxime sich nicht mit der Publizität verträgt, sind unrecht" (Kant 2008: 50). So scheinen Recht und Gerechtigkeit wichtige Voraussetzungen zu sein, um überhaupt internationale Beziehungen pflegen zu können. Insofern sind moralische Prinzipien und elementare Rechtssätze für eine Weltrepublik unentbehrliche Grundsätze, ohne die nicht einmal eine zwischenstaatliche Verständigung als Basis für eine immer enger werdende Weltgemeinschaft stattfinden kann.

2.5 Die These des demokratischen Friedens

Neben staatspolitischen, natürlichen, rechtlichen und moralischen Faktoren spielen auch sicherheitspolitische Überlegungen in Kants Konzept eine Rolle. Die Rede ist hier von der häufig zitierten *These des demokratischen Friedens* (z.B. Cederman 2001). Die Debatte um den demokratischen Frieden erhielt ihren Antrieb, als *Michael W. Doyle* (1983a, 1983b) in einem zweiteiligen Zeitschriftenartikel den Nachweis erbrachte, dass seit dem frühen 19. Jahrhundert nie ein liberaler Staat ein anderes liberales Staatswesen angegriffen hat: "A liberal zone of peace, a pacific union, has been maintained and has expanded despite numerous particular conflicts of economic and strategic interest" (Doyle 1983a: 213-215). Die Begrifflichkeit der Demokratie ist hier allerdings irreführend, da Kant dieser Staatsform nicht eben

10

gerade huldigte und sie als „D e s p o t i s m " (Kant 2008: 14) bezeichnete (vgl. Kap. 2.1).[2] Wie oben bereits erläutert soll die bürgerliche Verfassung in jedem Staat eine republikanische sein und basiert auf drei Grundsätzen: (1) Die Individuen in einer Gesellschaft sind *frei*, (2) sie sind nur von *einer* gemeinsamen Gesetzgebung abhängig und (3) sie sind alle *gleich* vor dem Gesetz (Kant 2008: 10f.). Diese drei liberalen Kriterien lassen sich unter dem Begriff der Rechtssicherheit zusammenfassen und reduzieren die Gefahr von Willkür seitens der Machthaber gegenüber der Bevölkerung. Nicht ersichtlich ist auf den ersten Blick aber der Zusammenhang von innerstaatlicher Rechtssicherheit und internationaler Sicherheit. Die Antwort liegt im zweiten Definitivartikel wo Kant sich einer Metapher bedient: So lehnte ein bulgarischer Fürst die Herausforderung eines griechischen Kaisers zum persönlichen Duell ab, denn „`[e]in Schmied, der Zangen hat, wird das glühende Eisen aus den Kohlen nicht mit seinen Händen herauslangen`" (Kant 2008: 17). Ein staatliches Oberhaupt, das keinem übergeordneten Gesetz gehorchen muss und nicht den Prinzipien der Gewaltenteilung unterliegt, kann also seine persönlichen Interessen mit Hilfe und auch gegen den Willen der eigenen Bevölkerung durchsetzen. Für den Fall der glühenden Eisen, sprich Kriege, hat er eine Armee zur Verfügung und die Soldaten müssen „sich für eine Sache, die sie nichts angeht, aufopfern" (Kant 2008: 16). Der Monarch kann so sein eigenes Gesicht wahren, während die Untertanen für seine persönliche Sache ihr Leben hergeben oder zumindest riskieren müssen. Damit wird klar, dass eine republikanische Verfassung, welche eine minimale Rechtssicherheit gewährleistet, gleichzeitig auch dafür garantiert, dass keine Kriege aus persönlichen bzw. trivialen Gründen vom Zaun gebrochen werden. Indem die Menschen (nach den Kriterien der Vernunft) über ihr eigenes Schicksal bestimmen können, werden sie sich nicht auf unnötige Abenteuer einlassen und die nachbarschaftlichen Beziehungen zwischen den Staaten können sich so fortlaufend verbessern. Der sogenannt demokratische Frieden, der einem liberalen, aufgeklärten Frieden entspricht, ist somit eine Grundvoraussetzung für das Funktionieren einer Weltrepublik.

3   Schlussfolgerungen

Kant äussert sich in seiner Friedensschrift differenziert zur Ausgestaltung der internationalen politischen Ordnung. Wie er sich die konkrete Form eines immer wachsenden Völkerstaats (vgl. Kap. 2.2) vorstellt, erwähnt er jedoch an keiner Stelle in einem Zug. Im zweiten

---

[2] Allerdings bleibt anzufügen, dass Doyle jeweils von "liberal regimes", "liberal states" u.a. spricht, nicht aber direkt von Demokratien. In der darauffolgenden Debatte wurde der Begriff der Demokratie wohl gleichgesetzt mit jenem der liberalen Republiken Kants. Sørensen (1992: 397) z.B. spricht vom Theorem des demokratischen Friedens, welches direkt von Kant stamme. Die Begriffe werden also nicht mehr sauber voneinander getrennt.

Definitivartikel verfolgt Kant eine stetige Annäherung an den internationalen Idealzustand, indem er den Völkerbund vom Völkerstaat unterscheidet (vgl. Kap. 2.2): Der Völkerbund dient der Überwindung des internationalen Naturzustandes und zur vorübergehenden Befriedung der Staaten. Dabei argumentiert Kant in der Tradition der Vertragstheorie, wenn er die Staaten den Individuen gleichsetzt und das Verlassen des Naturzustandes bzw. der Zusammenschluss zu einer bürgerlichen Gesellschaft mittels gegenseitiger Übereinkunft erfolgt. Der Völkerstaat soll zuletzt weltumspannend sein und die positive Idee einer Weltrepublik soll das negative Surrogat eines (Völker-)Bundes ablösen (vgl. Kap. 2.2). Über die Organisationsform dieser Weltrepublik lässt sich allerdings wenig mehr sagen, als dass sie über die losen Bindungen eines Völkerbundes hinausgehen soll.

Das Weltbürgerrecht umschreibt die Minimalvoraussetzungen, über welche ein Individuum verfügen muss um sich auf der ganzen Welt frei bewegen zu können. Eine Weltrepublik im Sinne eines einheitlichen Staates könnte ohne dieses Recht gar keinen Bestand haben, da die Menschen praktisch ohne physische Ausweichmöglichkeit an die Erde gebunden sind und somit über einen minimalen Bestand an Menschenrechten verfügen müssen (vgl. Kap. 2.3). Zentral ist dabei auch das Primat des Rechts, welches *alle* Menschen an gemeinsame Gesetze bindet und bei der Rechtsanwendung auch gleich behandelt (vgl. Kap. 2.5). Dazu ist das Weltbürgerrecht für einen globalen handelstreibenden Staatenbund unabdingbar, da mit der Warenfreizügigkeit unvermeidlich auch bis zu einem gewissen Grad die Personenfreizügigkeit einhergeht (vgl. Kap. 2.4.2). Dass der Kolonialismus abzulehnen ist, weil er dem Prinzip der globalen Bewegungsfreiheit widerspricht, ist deswegen nur konsequent (vgl. Kap. 2.4.1). Der globale Handel unter gleichen Bedingungen für alle, könnte schliesslich auch in einen Weltbinnenmarkt, welcher die ökonomische Basis für eine funktionierende Weltrepublik wäre, münden (vgl. Kap. 2.4.2).

Nachdem Kant im zweiten Definitivartikel die Weltrepublik als ein anzustrebendes Ideal darstellt, setzt er im zweiten Zusatz nun einen Kontrast, indem er der Expansion Richtung Einheitsstaat Grenzen setzt: Die Universalmonarchie, welche wohl sinngemäss auch für eine globale republikanische Verfassung steht, geht zu weit und die nationalstaatliche Ordnung scheint doch vernünftiger zu sein (vgl. Kap. 2.4.3). Da hier gegen die Weltrepublik als universelles Staatswesen argumentiert wird, stellt sich die Frage, wie weit die Kompetenzen einer Weltrepublik nun gehen sollen. *Otfried Höffe* (2004: 117) spricht von einem „extrem minimalen Weltstaat", der zwar den Charakter eines Staates hat, jedoch nur die allerwenigsten staatlichen Aufgaben übernimmt. Dies sind nur jene Aufgaben, welche die Einzelstaaten unter einem teilweisen Verzicht ihrer Souveränität an den Weltstaat abtreten (Höffe 2004: 131). Die-

se Annahmen sind plausibel, jedoch bleiben die genaue Kompetenzverteilung und die Organisation dieses extrem minimalen Weltstaats immer noch recht vage. Allerdings scheint dies auch nicht der zentralste Punkt zu sein, denn Kant hat sich ja in erster Linie für einen immer enger werdenden Zusammenschluss der Staaten ausgesprochen, damit durch die guten gegenseitigen Beziehungen der Frieden weltweit Einzug halten kann. Wie eng die internationalen Beziehungen sind mag offen bleiben, da schliesslich der Erhalt des Friedens das oberste Ziel ist und nicht das Erreichen einer exakten staatsrechtlichen Organisationsform. Genau aus diesen Gründen hat die EG in ihrem Gründungsvertrag auch nur von einer immer enger werdenden Gemeinschaft gesprochen ohne dabei ein organisatorisches Endziel zu definieren (vgl. Kap. 2.2). Der globale Einheitsstaat scheint schliesslich nicht wünschenswert, weil er despotische Züge annehmen kann (vgl. Kap. 2.4.3) und nicht regierbar ist. Dies könnte durchaus auch physische Gründe haben: Während die Nationalstaaten auf (gekrümmten) Flächen zu liegen kommen, nimmt der globale Einheitsstaat die Form einer Kugel an. Die Festlegung eines globalen Regierungszentrums *auf* dem Globus würde zwangsläufig immer die Vernachlässigung der Gebiete auf der gegenüberliegenden Seite der Erde nach sich ziehen. Diese Schwäche würden auch moderne Kommunikationsmittel nicht überwinden, da Regieren nicht eine virtuelle Angelegenheit ist, sondern eben eine physisch-konkrete. So scheint eine Weltrepublik im Sinne einer rechtlich verbindlichen, sich stetig weiterentwickelnden Staatengemeinschaft, auch ein weniger utopisches Ziel zu sein, als ein zentraler Weltstaat.

4 Bibliographie

4.1 Quellen

KANT, Immanuel (2008): *Zum ewigen Frieden. Ein philosophischer Entwurf.* Stuttgart: Reclam.

VERTRAG ÜBER DIE GRÜNDUNG DER EUROPÄISCHEN GEMEINSCHAFT (EGV) vom 25. März 1957 (EU-Dok.-Nr. 1 1957 E), in: CLASSEN, Claus Dieter (Hrsg., 2007): *Europa-Recht.* München: Deutscher Taschenbuch Verlag: 30-151.

4.2 Sekundärliteratur

BIELER, Andreas/MORTON, Adam David (2006): „Neo-Gramscianische Perspektiven", in: SCHIEDER, Siegfried/SPINDLER, Manuela (Hrsg.): *Theorien der Internationalen Beziehungen.* Opladen/Farmington Hills: Verlag Barbara Budrich: 353-379.

BROCK, Gillian (2008): „Global Justice", in: McKINNON, Catriona (Hrsg.): *Issues in Political Theory.* Oxford/New York: Oxford University Press: 289-312.

CEDERMAN, Lars-Erik (2001): "Modeling the Democratic Peace as a Kantian Selection Process", *The Journal of Conflict Resolution* 45(4): 470-502.

DOYLE, Michael W. (1983a): "Kant, Liberal Legacies, and Foreign Affairs" (Part 1), *Philosophy and Public Affairs* 12(3): 205-235.

DOYLE, Michael W. (1983b): "Kant, Liberal Legacies, and Foreign Affairs" (Part 2), *Philosophy and Public Affairs* 12(4): 323-353.

HALLER, Walter/KÖLZ, Alfred (2004): *Allgemeines Staatsrecht.* Basel/Genf/München: Helbling & Lichtenhahn Verlag.

HÖFFE, Otfried (2004): „Völkerbund oder Weltrepublik?", in: DERS. (Hrsg.): *Immanuel Kant. Zum ewigen Frieden.* Berlin: Akademie Verlag: 109-132.

KÄLIN, Walter/EPINEY, Astrid/CARONI, Martina/KÜNZLI, Jörg (2006): *Völkerrecht. Eine Einführung.* Bern: Stämpfli Verlag.

MARTI, Urs (2008): *Studienbuch Politische Philosophie.* Zürich: Orell Füssli Verlag.

MENZEL, Ulrich (2001): *Zwischen Idealismus und Realismus. Die Lehre von den Internationalen Beziehungen.* Frankfurt am Main: Suhrkamp.

NÖLKE, Andreas (2006): „Weltsystemtheorie", in: SCHIEDER, Siegfried/SPINDLER, Manuela (Hrsg.): *Theorien der Internationalen Beziehungen*. Opladen/Farmington Hills: Verlag Barbara Budrich: 325-351.

SØRENSEN, Georg (1992): "Kant and Processes of Democratization: Consequences for Neo-realism Thought", *Journal of Peace Research* 29(4): 397-414.

CPSIA information can be obtained
at www.ICGtesting.com
Printed in the USA
LVRC021458290119
605656LV00006B/13